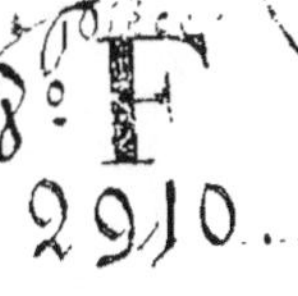

RÈGLEMENT ET DÉCRET

DU 16 JUIN 1897

SUR

LE RECRUTEMENT, LA RÉPARTITION

L'INSTRUCTION

L'ADMINISTRATION ET L'INSPECTION

DES OFFICIERS DE RÉSERVE

ET

DES OFFICIERS DE L'ARMÉE TERRITORIALE

SUIVI DU

PROGRAMME DES CONNAISSANCES EXIGÉES

PARIS

LIBRAIRIE MILITAIRE DE L. BAUDOIN

IMPRIMEUR-ÉDITEUR

30, Rue et Passage Dauphine, 30

—

1898

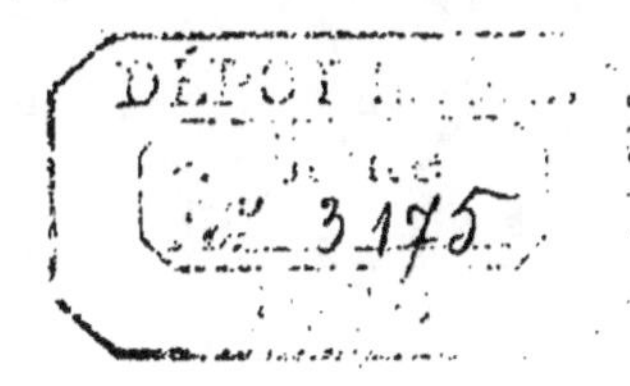

RAPPORT

adressé au Président de la République au sujet de l'avancement des officiers de réserve et de l'armée territoriale.

Paris, le 16 juin 1897.

Monsieur le Président,

Le décret du 23 mars 1894 renferme certaines dispositions dont l'application a présenté des inconvénients ou donné lieu à des difficultés.

Ce décret exige des officiers de réserve et de l'armée territoriale l'accomplissement d'un nombre déterminé de périodes d'exercices, comme condition indispensable pour obtenir de l'avancement.

Il en résulte qu'il n'est pas possible de dispenser même les officiers méritants, qui ont fait preuve de caractère et d'aptitude, d'une partie des convocations normales qui leur sont imposées, sans nuire à leur avancement.

D'autre part, le nombre des lieutenants de réserve et de l'armée territoriale a été fixé à un chiffre invariable par les articles 4 et 15 du décret précité.

Cette disposition ne peut être que très difficilement appliquée dans la pratique, par suite des mutations incessantes qui se produisent dans le personnel des corps de troupes. Elle a en outre pour résultat d'enrayer l'avancement et, par suite, de décourager un certain nombre d'officiers de valeur.

Enfin le décret du 23 mars 1894 ne contient pas de dispositions permettant de nommer au grade de chef de bataillon, d'escadron ou de major de réserve un certain nombre d'officiers qui sont aptes à en remplir les fonctions et qu'il y aurait lieu, dans l'intérêt du service, de pourvoir de ce grade.

J'ai pensé qu'il convenait de remanier le décret du 23 mars 1894 en vue de donner satisfaction aux desiderata qui viennent d'être exposés.

Si vous approuvez ces propositions, j'ai l'honneur de vous prier de vouloir bien revêtir de votre signature le décret ci-joint.

Veuillez agréer, Monsieur le Président, l'hommage de mon respectueux dévouement.

Le Ministre de la Guerre,

Signé : Gal BILLOT.

DÉCRET

DU 16 JUIN 1897

RELATIF A

L'AVANCEMENT DES OFFICIERS DE RÉSERVE

ET DE L'ARMÉE TERRITORIALE

Le Président de la République française,

Sur le rapport du Ministre de la guerre,

Décrète :

I. — *Officiers de réserve.*

Art. 1er. Les sous-lieutenants et lieutenants de réserve de toutes armes peuvent obtenir de l'avancement jusqu'au grade de capitaine inclusivement.

Art. 2 Les sous-lieutenants de réserve peuvent être promus au grade de lieutenant de réserve quand ils ont accompli quatre années dans le grade de sous-lieutenant.

Art. 3. Les lieutenants de réserve peuvent être promus au grade de capitaine de réserve lorsqu'ils ont accompli six années dans le grade de lieutenant.

Art. 4. Les capitaines de réserve, anciens capitaines de l'armée active, peuvent, après six années de grade de capitaine, être promus chefs de bataillon, chefs d'escadrons ou majors de réserve, s'ils ont été proposés pour ce grade à leur départ de l'armée active.

Art. 5. En temps de guerre, ou lorsqu'ils sont employés hors d'Europe, l'Algérie et la Tunisie exceptées, les officiers de réserve peuvent obtenir de l'avancement dans les mêmes conditions d'ancienneté que les officiers de l'armée active, mais au titre de la réserve.

II. — *Officiers de l'armée territoriale.*

Art. 6. Les sous-lieutenants de réserve et les sous-lieutenants de l'armée territoriale peuvent être promus lieutenants dans l'armée territoriale lorsqu'ils ont accompli quatre années dans le grade de sous-lieutenant.

Art. 7. Les lieutenants de réserve et les lieutenants de l'armée territoriale peuvent être nommés capitaines dans l'armée territoriale, après avoir accompli six années dans le grade de lieutenant.

Art. 8. Les capitaines de réserve et les capitaines de l'armée territoriale ne peuvent être nommés au grade de chef de bataillon ou d'escadron dans l'armée territoriale avant d'avoir accompli six années dans le grade de capitaine.

III. — *Dispositions communes aux officiers de réserve et aux officiers de l'armée territoriale.*

Art. 9. L'avancement a lieu sur toute l'arme ; il est donné exclusivement au choix.

Art. 10. Les conditions d'ancienneté de grade exigées des officiers de réserve et de l'armée territoriale pour l'avancement ne sont pas applicables à ceux d'entre eux dont l'admission au grade d'officier ou l'avancement sont réglés par des décrets spéciaux.

Art. 11. L'ancienneté de grade des officiers de réserve ou de l'armée territoriale est déterminée par la date du décret qui les a nommés à leur grade, soit dans l'armée active, soit dans la réserve, soit dans l'armée territoriale, déduction faite des interruptions de services.

Art. 12. Le temps passé par les officiers de réserve ou de l'armée territoriale dans leurs foyers compte pour l'ancienneté de grade.

Le temps passé dans la position hors cadre et le temps de la suspension sont déduits de l'ancienneté.

Art. 13. Les officiers de réserve ou de l'armée territoriale sont inscrits aux tableaux d'avancement et peuvent en être rayés dans les mêmes formes que les officiers de l'armée active.

Art. 14. Le décret du 23 mars 1894 et les dispositions antérieures contraires à celles du présent décret sont et demeurent abrogés.

Art. 15. Le Ministre de la guerre est chargé de l'exécution du présent décret.

Fait à Paris, le 16 juin 1897.

Signé : FÉLIX FAURE.

Par le Président de la République :
Le Ministre de la guerre,
Signé : Gal BILLOT.

INSTRUCTION MINISTÉRIELLE

DU 16 JUIN 1897

portant envoi du règlement concernant les officiers de réserve et de l'armée territoriale.

Mon cher Général, j'ai l'honneur d'appeler votre attention sur certaines dispositions nouvelles du règlement du 16 juin 1897, concernant les officiers de réserve et de l'armée territoriale.

Les chefs de corps ou de service doivent s'attacher d'une manière toute spéciale à assurer le recrutement et l'instruction des officiers de réserve et de l'armée territoriale, qui intéressent au plus haut point la bonne constitution des cadres et la valeur de nos formations de campagne.

Les candidats à ce grade doivent, au point de vue de la conduite, de l'intelligence, du caractère, de l'éducation et de l'instruction, réunir toutes les garanties qu'on est en droit d'attendre d'un officier.

En principe, les officiers de réserve et de l'armée territoriale sont affectés au corps ou service actif qui les a instruits et formés, ou au corps ou service de la réserve ou de l'armée territoriale correspondant. Il ne sera dérogé à cette règle qu'en cas d'excédent, ou lorsque les officiers seront domiciliés dans une subdivision de région trop éloignée de leur corps ou service d'origine.

Les ressources étant variables, suivant les régions et suivant les armes, les chefs de corps ou de service doivent présenter pour sous-lieutenants de réserve ou de l'armée territoriale tous les candidats qui leur paraissent remplir les conditions d'aptitude, et ne pas limiter leurs propositions aux besoins particuliers des corps ou services dont ils ont à assurer la mobilisation.

Cette obligation s'impose tout spécialement aux colonels commandant les régiments de cavalerie, en vue de fournir des ressources supplémentaires au corps de troupe du train des équipages militaires, de l'artillerie et du génie.

Les officiers de réserve ou de l'armée territoriale sont en général appelés à prendre, en temps de paix ou en temps de guerre, le commandement d'unités composées d'hommes déjà instruits. Il importe d'en faire surtout des chefs bien préparés à exercer leur commandement en toutes circonstances. Leur instruction doit être dirigée dans un sens absolument pratique.

Les chefs de corps ou de service ne doivent négliger aucun moyen d'atteindre ce résultat. Ils engagent les officiers de réserve et de l'armée territoriale à se rendre aux séances des écoles d'instruction ainsi qu'aux exercices et aux manœuvres qui peuvent leur être profitables et leur permettre de se tenir au courant.

Dans le même but, il les invitent à assister, en uniforme, aux conférences, réunions, cérémonies, fêtes intérieures, etc., avec les officiers de l'armée active.

Ils les convoquent directement pour les périodes d'exercice et pour les stages.

Ces officiers sont, en principe, pour leur instruction, rattachés à l'unité (compagnie, escadron ou batterie) de l'armée active correspondant à l'unité à laquelle ils appartiennent en cas de mobilisation. Toutes les fois que cela est possible, ils marchent avec elle et y exercent un emploi de leur grade, quand ils sont convoqués en dehors des périodes normales ou invités à des exercices ou des manœuvres.

En résumé, les chefs de corps ou de service doivent prendre toutes les dispositions qu'ils jugent favorables à l'instruction des officiers de réserve ou de l'armée territoriale, de manière que ces officiers arrivent devant leur troupe, instruits, pénétrés de leurs devoirs et à hauteur de leurs obligations.

Si le principe des convocations échelonnées tous les deux ans a dû être maintenu, les chefs de corps ou de service sont néanmoins autorisés à y apporter des tempéraments. Ils peuvent dispenser de tout ou partie d'une ou de plusieurs périodes d'exercice ceux qui ont fait preuve de caractère et d'aptitude dans le commandement de leur unité.

Beaucoup de candidats très méritants, dont l'instruction militaire est excellente, hésitent à se présenter pour le grade de sous-lieutenant dans la réserve ou l'armée territoriale en raison des obligations qui leur sont imposées et, en particulier, des dépenses qui en résultent.

Il peut y avoir, de ce fait, des vacances assez nombreuses auxquelles il convient de pourvoir. L'emploi de chef de section ou de peloton pourra être tenu, en l'absence d'officier de réserve ou de l'armée territoriale, par un adjudant de réserve ou de l'armée territoriale, pourvu de certificat d'aptitude à l'emploi de chef de section ou de peloton, qui remplacera désormais le certificat d'aptitude au grade de sous-lieutenant de réserve ou de l'armée territoriale.

Les candidats munis du certificat d'aptitude pourront donc être nommés, suivant le cas, sous-lieutenants ou adjudants dans la réserve ou l'armée territoriale.

Dans les corps où il existera des vacances de sous-lieutenant ou de lieutenants de réserve, les chefs de corps pourront même, dès le temps de paix, désigner, pour en remplir les fonctions, un certain nombre de sous-officiers de l'armée active reconnus aptes à ces emplois. En cas de mobilisation, ces sous-officiers seront nommés adjudants.

Dans les corps de troupe de l'armée territoriale, les vacances de sous-lieutenant ou de lieutenant pourront être comblées, s'il y a lieu, par des adjudants de l'armée territoriale, pourvus du certificat d'aptitude.

Les ressources des garnisons et la facilité des communications étant très différentes suivant les régions, les généraux commandant les corps d'armée auront, à l'avenir, toute latitude pour organiser les écoles d'instruction et en assurer le fonctionnement dans les limites et dans les conditions qu'ils jugeront convenables.

Les officiers de réserve et de l'armée territoriale seront, à l'avenir, notés, chaque année, d'abord par le général commandant la subdivision de leur résidence au point de vue de leur conduite et des services qu'ils ont pu rendre en dehors des convocations, puis par leur chef de corps ou de service qui appréciera leur valeur, soit d'après les convocations antérieures, soit d'après leur attitude et leur manière de servir pendant les périodes d'exercices ou stages qu'ils auront accomplis dans le courant de l'année.

La carrière et les services de chacun d'eux pourront, désormais, être suivis, sans interruption, depuis la nomination au grade d'officier de réserve et de l'armée territoriale.

Les directeurs des écoles seront appelés à noter, chaque année, les officiers de réserve ou de l'armée territoriale placés sous leur direction, mais l'initiative des propositions à établir en leur faveur appartiendra au chef de corps ou de service d'affectation.

Enfin, à l'avenir, les officiers de réserve et de l'armée territoriale pourront être proposés pour l'avancement, sans avoir accompli un nombre déterminé de périodes d'exercices ; mais le nombre et la nature des périodes, stages ou manœuvres auxquels les officiers ont pris part, n'en reste pas moins le meilleur élément d'appréciation au point de vue de leur valeur et doivent toujours être rappelés dans les propositions dont ils sont l'objet.

Le Ministre de la guerre,

Signé : Gal BILLOT.

RÈGLEMENT MINISTÉRIEL

DU 16 JUIN 1897

sur le recrutement, la répartition, l'instruction, l'administration et l'inspection des officiers de réserve et des officiers de l'armée territoriale.

———

TITRE PREMIER.

ADMISSION AU GRADE DE SOUS-LIEUTENANT DANS LA RÉSERVE
OU L'ARMÉE TERRITORIALE.

———

§ 1er. — *Dispositions générales.*

Art. 1er. Le cadre des sous-lieutenants de réserve se recrute parmi :

1° Les sous-lieutenants démissionnaires de l'armée active qui demandent à être pourvus d'un emploi de leur ancien grade dans la réserve et qui possèdent l'aptitude physique et les qualités morales nécessaires ;

2° Les élèves de l'École polytechnique et les élèves de l'École forestière, dans les conditions prévues par l'article 28 de la loi du 15 juillet 1889 ;

3° Les élèves de l'École centrale des arts et manufactures, dans les conditions prévues par la loi du 11 novembre 1892 ;

4° Les agents des compagnies de chemin de fer, dans les conditions énoncées dans le règlement du 28 novembre 1891 ;

5° Les sous-officiers de l'armée active appelés par leur temps de service à passer dans la réserve ;

6° Les sous-officiers de réserve ;

7° Les anciens engagés conditionnels d'un an appartenant à la réserve.

Les candidats énumérés aux paragraphes 3°, 5°, 6° et 7° du présent article doivent satisfaire à des examens d'aptitude.

Art. 2. Le cadre des sous-lieutenants de l'armée territoriale se recrute parmi :

1° Les sous-lieutenants de réserve qui, après avoir atteint l'époque légale de leur passage dans l'armée territoriale, ne sont pas maintenus dans le cadre des officiers de réserve ;

2° Les sous-officiers de l'armée active ou de la réserve appelés par leur temps de service à passer dans l'armée territoriale, à moins qu'ils ne préfèrent concourir pour le grade de sous-lieutenant de réserve et être maintenus dans la réserve de l'armée active;

3° Les sous-officiers de l'armée territoriale;

4° Les anciens engagés conditionnels d'un an appartenant à l'armée territoriale.

Les candidats énumérés aux paragraphes 2°, 3° et 4° du présent article doivent satisfaire à des examens d'aptitude.

§ 2. — *Dispositions spéciales aux candidats ayant à satisfaire à des examens d'aptitude.*

Art. 3. En dehors des cas spécifiés par les lois du 15 juillet 1889 et du 11 novembre 1892, nul ne peut être nommé sous-lieutenant dans la réserve ou l'armée territoriale, s'il n'a accompli deux années de service dans le grade de sous-officier et s'il n'est pourvu du certificat d'aptitude à l'emploi de chef de section ou de peloton.

Art. 4. L'aptitude des candidats à l'emploi de chef de section ou de peloton dans la réserve ou l'armée territoriale est constatée, dans les corps de l'armée active, par une commission composée ainsi qu'il suit : le chef de corps, président; le lieutenant-colonel; 2 chefs de bataillon (dont le chef de bataillon de l'intéressé); le commandant de la compagnie de l'intéressé (dans les bataillons formant corps : le chef de corps; l'adjudant-major, le commandant de la compagnie de l'intéressé).

L'examen porte exclusivement sur les matières contenues dans le programme qui est annexé au présent règlement.

Art. 5. Le certificat d'aptitude est délivré par le chef de corps ou de service et soumis à l'acceptation et au visa du général de brigade ou du directeur du service.

Art. 6. Les titulaires du certificat d'aptitude qui désirent concourir pour le grade de sous-lieutenant de réserve ou de l'armée territoriale et qui se trouvent dans leur deuxième année de grade de sous-officier, adressent leur demande au général commandant la subdivision de leur résidence.

Dans cette demande, ils font connaître la situation ou l'emploi qu'ils occupent dans la vie civile.

Le général commandant la subdivision, après s'être entouré des renseignements nécessaires, adresse cette demande avec son avis motivé au général commandant la région, qui la fait parvenir au chef de corps ou de service intéressé.

Les demandes des candidats sont accompagnées d'un extrait de l'acte de naissance et d'un extrait du casier judiciaire délivrés sur papier libre.

Art. 7. Le chef de corps ou de service établit, pour chaque candidat, un mémoire de proposition du modèle A, annexé au présent règlement et transmet la proposition au général commandant le corps d'armée, qui statue.

Art. 8. Les propositions acceptées par le général commandant le corps d'armée sont adressées au Ministre, les 15 mai et 15 novembre de chaque année.

Elles sont résumées par arme ou service, et séparément pour la réserve et l'armée territoriale, en une liste d'aptitude au grade de sous-lieutenant.

La liste d'aptitude est établie par ordre d'ancienneté dans le grade de sous-officier. Les candidats ayant la même ancienneté y sont inscrits, par ordre de préférence, en tenant compte des appréciations portées sur les mémoires de proposition.

Un extrait de la liste d'aptitude est transmis au chef de corps ou de service intéressé.

Art. 9. Les nominations au grade de sous-lieutenant dans la réserve de l'armée territoriale sont faites de manière à satisfaire aux conditions d'affectation énoncées aux articles 26 et 28 du présent règlement.

TITRE II.

NOMINATIONS A L'EMPLOI DE CHEF DE SECTION OU DE PELOTON
DANS LA RÉSERVE OU L'ARMÉE TERRITORIALE.

---

§ 1er. — *Emplois qui peuvent être tenus par les adjudants.*

Art. 10. Les sous-officiers pourvus du certificat d'aptitude peuvent, s'ils ne sont pas appelés à concourir pour le grade de sous-lieutenant, être nommés adjudants de réserve ou de l'armée territoriale et être employés comme chefs de section ou de peloton en l'absence de l'officier de réserve ou de l'armée territoriale.

Art. 11. Dans chaque corps ou service, il est établi, dans les formes indiquées pour les listes d'aptitude à l'article 8 qui précède, un tableau d'avancement au grade d'adjudant de réserve ou de l'armée territoriale.

Ce tableau d'avancement est approuvé et arrêté chaque année, aux dates des 15 mai et 15 novembre, par le général de brigade ou le directeur du service.

Chaque candidat est l'objet d'un mémoire de proposition modèle B.

Art. 12. Le chef de corps ou de service actif nomme dans l'ordre du tableau aux emplois d'adjudant de réserve ou de l'armée territoriale devenus vacants dans les corps ou les services dont il a à assurer la mobilisation. Ces nominations ne sont faites qu'à la suite des périodes d'exercices.

§ 2. — *Règles à suivre en cas de mobilisation.*

Art. 13. Les emplois de chef de section ou de peloton vacants au moment de la mobilisation sont donnés :

1º Aux sous-officiers de réserve inscrits sur la liste d'aptitude au grade de sous-lieutenant de réserve. L'état nominatif de ces sous-officiers est transmis au Ministre, qui les nomme au grade de sous-lieutenant de réserve, pour prendre rang à dater du premier jour de la mobilisation ;

2º A défaut de candidats ci-dessus en nombre suffisant et dans l'infanterie seulement :

a) Pour un tiers des emplois restant à pourvoir, aux sous-officiers de l'armée active convenablement choisis et désignés à l'avance par le chef de corps ; ces sous-officiers sont immédiatement nommés adjudants ;

b) Pour les deux autres tiers des emplois vacants, aux sous-officiers de réserve inscrits au tableau d'avancement pour le grade d'adjudant de réserve ; ces sous-officiers sont immédiatement nommés à ce grade.

Art. 14. En cas de mobilisation, la totalité des vacances d'emploi de chef de section ou de peloton dans l'armée territoriale est donnée aux sous-officiers de l'armée territoriale dans les conditions et l'ordre prévus aux § 1º et à l'alinéa *b* du § 2º de l'article 13 qui précède.

§ 3. — *Convocations en temps de paix.*

Art. 15. Pendant les convocations en temps de paix, les candidats inscrits sur les listes d'aptitude au grade de sous-lieutenant ou sur le tableau d'avancement au grade d'adjudant, sont employés dans la réserve ou l'armée territoriale à remplir l'emploi de chef de section ou de peloton, en l'absence des titulaires.

TITRE III.

CONDITIONS D'ADMISSION DES CANDIDATS AU GRADE DE SOUS-LIEUTENANT OU A L'EMPLOI D'ADJUDANT DANS LA RÉSERVE OU L'ARMÉE TERRITORIALE.

§ 1. — *Sous-officiers se trouvant dans leur dernière année de service actif.*

Art. 16. Tous les ans, au 1er mars, le chef de corps ou de service fait établir l'état nominatif des sous-officiers libérables entre cette date et le 1er mars de l'année suivante.

Chacun de ces sous-officiers est l'objet d'un rapport spécial faisant connaître sa conduite habituelle, sa manière de servir et ses aptitudes à l'emploi de chef de section ou de peloton dans la réserve ou l'armée territoriale.

Les candidats, dans le mois qui précède leur libération, sont présentés à la commission prévue à l'article 4 ci-dessus et admis à passer l'examen d'aptitude à l'emploi de chef de section ou de peloton.

Art. 17. Les sous-officiers de l'armée active pourvus du certificat d'aptitude à l'emploi de chef de section ou de peloton restent affectés à leur corps d'origine ou au corps correspondant de la réserve ou de l'armée territoriale, lorsqu'ils se retirent dans une des subdivisions limitrophes. Dans le cas contraire, ils sont, suivant la règle générale, affectés au corps dans la circonscription duquel ils sont domiciliés.

Les sous-officiers de cavalerie désignés pour l'artillerie, le train des équipages militaires ou le génie, sont affectés aux corps de troupes de ces armes dans la circonscription desquels ils établissent leur domicile, conformément aux instructions données à cet effet par les généraux commandant les régions.

Art. 18. L'état nominatif des sous-officiers qui on obtenu au moment de leur renvoi dans leurs foyers le certificat d'aptitude à l'emploi de chef de section ou de peloton est adressé aux commandants des bureaux de recrutement intéressés, avec l'indication, s'il y a lieu, de l'affectation que chacun d'eux doit recevoir aux termes de l'article 17 qui précède.

§ 2. — *Hommes incorporés pour un an.*

Art. 19. Tous les dispensés de l'article 23 et ceux des dispensés des articles 21 et 22 de la loi du 15 juillet 1889, qui possèdent une instruction générale permettant de les considérer comme susceptibles d'être compris ultérieurement dans la catégorie des officiers de réserve, sont incorporés dans les régiments d'infanterie subdivisionnaires ou régionaux et les bataillons de chasseurs qui se recrutent dans la subdivision de leur domicile, sauf les exceptions indiquées ci-après :

1º Les dispensés en résidence en Algérie et en Tunisie sont affectés aux régiments de zouaves ;

2º Les dispensés domiciliés dans les gouvernements militaires de Paris ou de Lyon sont incorporés dans les régiments subdivisionnaires des corps d'armée entre lesquels sont répartis, au point de vue du recrutement, les contingents des départements de la Seine, de Seine-et-Oise ou du Rhône ;

3º Les dispensés étudiants en médecine sont répartis entre les régiments subdivisionnaires ou régionaux, les bataillons de chasseurs à pied et les régiments d'artillerie et du génie de la région ;

4º Les dispensés étudiants vétérinaires sont affectés aux régiments d'artillerie et aux escadrons du train des équipages militaires de la région de leur domicile ;

5º Les dispensés de l'article 23, élèves de l'Institut national agronomique, des écoles nationales d'agriculture, de l'École des hautes études commerciales et des écoles supérieures de commerce reconnues par l'État, sont, dans la limite du nombre fixé chaque année par le Ministre, affectés aux sections de commis et ouvriers militaires d'administration.

Art. 20. Les dispensés de l'article 23 et, parmi les hommes incorporés pour un an, ceux qui remplissent les conditions d'instruction nécessaires sont désignés comme élèves caporaux.

Au 1er mars, le chef de corps ou de service fait établir l'état nominatif de ceux qui paraissent susceptibles de concourir ultérieurement pour l'emploi de chef de section ou de peloton dans la réserve.

Ces candidats sont examinés par la commission prévue à l'article 4 ci-dessus et présentés, s'il y a lieu, par le chef de corps ou de service, au général de brigade ou au directeur du service pour être inscrits au tableau d'avancement. Ils peuvent être nommés caporaux ou brigadiers quand ils ont accompli six mois de service, dans la limite des vacances disponibles.

Art. 21. Tous les candidats ainsi acceptés peuvent concourir pour le certificat d'aptitude au grade de sous-officier dans la réserve.

Ils forment, à partir du 1er avril, un peloton spécial dont l'instruction, confiée à un officier de choix, est dirigée dans un sens essentiellement pratique.

Les candidats de la même région peuvent être réunis dans un ou plusieurs corps désignés par le commandant du corps d'armée, s'il juge cette solution plus favorable à l'instruction spéciale qu'ils doivent recevoir.

Art. 22. Dans la première quinzaine d'août, les candidats subissent devant la commission prévue à l'article 4 ci-dessus, un examen ayant pour but de constater leur instruction militaire.

A la suite de cet examen, le peloton spécial est dissous. Les candidats rejoignent leurs corps, s'il y a lieu, et rentrent dans les unités auxquelles ils appartiennent pour y prendre part aux manœuvres d'automne.

Le certificat d'aptitude au grade de sous-officier dans la réserve n'est délivré, par les chefs de corps ou de service, qu'aux candidats ayant fait preuve, pendant les manœuvres, d'intelligence, de zèle et de caractère.

Dans les corps ou services qui ne prennent pas part aux manœuvres d'automne, les candidats sont soumis, dans leurs garnisons, à des épreuves équivalentes ayant pour but de déterminer leur aptitude réelle à exercer un commandement.

Art. 23. Le certificat d'aptitude au grade de sous-officier de réserve est soumis à l'acceptation et au visa du général de brigade ou du directeur du service.

Les titulaires de ce certificat d'aptitude sont, au moment de leur renvoi dans leurs foyers, nommés caporaux ou brigadiers, s'ils ne le sont déjà, et inscrits au tableau d'avancement au grade de sous-officier dans la réserve. Ils peuvent être nommés à ce grade, dès qu'ils ont accompli six mois de service dans le grade de caporal ou de brigadier.

Ils restent affectés à leur corps ou service d'origine.

Art. 24. Les dispensés de l'article 23 de la loi du recrutement, nommés sous-officiers de réserve, dans les conditions des articles précédents, concourent pour l'obtention du certificat d'aptitude à l'emploi de chef de section ou de peloton dans la réserve, lorsqu'ils sont appelés à accomplir la période d'exercices à laquelle ils sont astreints, aux termes de la loi, dans leur troisième année de service.

Les dispensés des articles 21 et 22 de la loi du 15 juillet 1889 et les hommes incorporés pour un an, à tout autre titre, ne peuvent être nommés officiers de réserve que s'ils consentent à accomplir une période d'exercices de quatre semaines, dans les mêmes conditions que les dispensés (art. 23) de la classe avec laquelle ils ont été incorporés.

§ 2. — *Sous-officiers de la réserve et de l'armée territoriale.*

Art. 25. Les sous-officiers de la réserve et de l'armée territoriale non pourvus du certificat d'aptitude à l'emploi de chef de section ou de peloton peuvent l'obtenir, au moment des périodes de convocation, s'ils justifient devant la commission prévue à l'article 4 ci-dessus, des connaissances et des qualités nécessaires à l'emploi de chef de section ou de peloton. Ils sont, s'il y a lieu, proposés pour adjudant ou sous-lieutenant de réserve ou de l'armée territoriale.

TITRE IV.

AFFECTATION DES OFFICIERS DE RÉSERVE ET DE L'ARMÉE TERRITORIALE AUX CORPS DE TROUPE OU SERVICES.

§ 1er. — *Corps de troupe.*

Art. 26. Les officiers de réserve ou de l'armée territoriale sont affectés à l'un des corps actifs d'une garnison déterminée ou au corps territorial correspondant. Cette garnison est celle de leur corps d'origine, toutes les fois qu'ils sont domiciliés dans la subdivision ou dans l'une des subdivisions de région limitrophes.

Dans le cas contraire, ils sont affectés au corps dans la circonscription duquel ils sont domiciliés.

Il en est de même des officiers de réserve ou de l'armée territoriale originaires de la cavalerie ou appartenant à l'artillerie, au train des équipages militaires ou au génie.

Art. 27. La répartition des officiers de réserve entre les unités du corps actif et du corps de réserve et celle des officiers de l'armée territoriale entre les unités du corps territorial sont arrêtées, sur la proposition des chefs de corps, par le gouverneur militaire ou le général commandant le corps d'armée.

§ 2. — *Services.*

Art. 28. Les officiers, assimilés et employés militaires de la réserve ou de l'armée territoriale appartenant aux divers services, sont affectés aux services de la région de corps d'armée dans laquelle ils sont domiciliés, et, faute de vacances, aux services des régions voisines les plus rapprochées de leur domicile.

Les officiers et employés militaires de l'artillerie et du génie sont classés aux états-majors particuliers de ces armes.

Les officiers employés dans les divers services ne sont pas mis à la suite des corps de troupe.

§ 3. — *Changements de corps.*

Art. 29. Le Ministre prononce d'office les changements de corps ou d'emploi nécessités par le service.

Quand un corps actif change de garnison, le Ministre décide si les officiers de réserve qui lui sont affectés doivent changer de corps.

Art. 30. Les changements de corps ou d'emploi peuvent être autorisés pour convenances personnelles après avis favorable des deux chefs de corps ou de services intéressés et de leurs chefs hiérarchiques.

Art. 31. Lorsqu'un officier de réserve ou de l'armée territoriale demande à être employé dans une région, sans spécifier le corps auquel il désire être affecté, sa demande doit être accompagnée de l'avis de son chef de corps ou de service et recevoir l'approbation du général commandant la région dans laquelle il désire servir.

TITRE V.

INSTRUCTION DES OFFICIERS DE RÉSERVE ET DE L'ARMÉE TERRITORIALE.

§ 1er. — *Périodes d'instruction et stages.*

Art. 32. Les officiers de réserve et de l'armée territoriale sont, en principe, convoqués tous les deux ans, et autant que possible à la même époque que l'unité à laquelle ils appartiennent, de manière à y exercer le commandement qui leur reviendrait en temps de guerre.

Ceux qui ont fait preuve à cet égard d'une instruction complète peuvent, sur leur demande, être dispensés de tout ou partie d'une ou de plusieurs périodes d'exercices.

Art. 33. Les officiers de réserve ou de l'armée territoriale qui, lors des périodes normales d'exercices, se sont montrés insuffisants dans le commandement de leur unité, sont convoqués d'office pour un stage de durée égale à accomplir l'année suivante.

Art. 34. Les officiers de réserve ou de l'armée territoriale peuvent, en dehors des périodes normales d'exercices, être convoqués, sur leur demande, pour des stages volontaires d'une durée quelconque avec solde, dans la limite des crédits disponibles, ou sans solde.

Art. 35. Les officiers de réserve ou de l'armée territoriale sont convoqués pour les périodes normales d'exercices ou pour les stages par les soins du chef de corps ou de service de l'armée active.

Les convocations doivent leur parvenir, autant que possible, au moins deux mois avant la date fixée.

Dans le cas de stages, ils sont invités à faire connaître l'époque de l'année qui conviendrait le mieux à leurs intérêts.

Art. 36. Les médecins de réserve ou de l'armée territoriale affectés à des corps de troupe sont, autant que possible, appelés à la même époque que les unités auxquelles ils appartiennent, de manière à y faire le service au moment des périodes normales d'exercices.

Ils sont convoqués par le directeur du service de santé du corps d'armée, après entente avec les chefs de corps.

Art. 37. Les chefs de corps de l'armée territoriale assistent, autant que possible, à toutes les périodes normales d'exercices des unités qui sont placées sous leurs ordres.

Art. 38. Les officiers, assimilés ou employés militaires de la réserve ou de l'armée territoriale affectés aux différents services sont convoqués par les soins des directeurs de service de l'armée active.

L'époque et la durée des périodes d'exercices sont réglées dans la limite des crédits disponibles, d'après les nécessités du service et les besoins de l'instruction de ces officiers, assimilés ou employés militaires.

Art. 39. Les officiers du service d'état-major peuvent, dans l'intérêt de leur instruction, être appelés à accomplir une partie de leurs périodes normales d'exercices dans un corps de troupe.

Art. 40. Les officiers, assimilés ou employés militaires, dégagés de toute obligation militaire et maintenus sur leur demande dans les cadres de la réserve ou de l'armée territoriale, ne peuvent, en temps de paix, être convoqués s'ils n'y ont préalablement consenti.

§ 2. — *Ajournements devancements d'appel, changement de lieu de convocation.*

Art. 41. Des devancements d'appel et des ajournements pourront être accordés par les chefs de corps ou de service aux officiers de réserve ou de l'armée territoriale qui en font la demande, si ces autorisations sont compatibles avec les nécessités du commandement des unités convoquées et de l'instruction des officiers.

Art. 42. Les officiers de réserve ou de l'armée territoriale qui ont fait un stage volontaire dans l'année qui précède leur convocation normale peuvent, sur leur demande, être dispensés de répondre à cette convocation et être autorisés à compter comme période d'exercices le stage qu'ils ont accompli.

Art. 43. Les officiers peuvent, sur leur demande, être reportés à l'année qui suit celle où ils devraient être convoqués normalement. Dans ce cas, ils sont appelés l'année suivante, de manière à pouvoir exercer un commandement de leur grade dans les unités de l'armée active, de la réserve ou de l'armée territoriale.

Art. 44. Les changements de lieu de convocation ne peuvent être accordés qu'après avis favorable des deux chefs de corps ou de service intéressés et avec l'approbation des généraux commandant les régions correspondantes.

La demande est instruite par le chef de corps ou de service auquel appartient l'officier de réserve ou de l'armée territoriale. Le gouverneur militaire ou le général commandant la région dans laquelle l'officier demande à être appelé, statue en dernier ressort.

L'officier est convoqué par le chef du corps ou du service actif, dans lequel ou auprès duquel il demande à faire une période d'exercices.

Art. 45. Les officiers de réserve ou de l'armée territoriale qui demandent à accomplir, dans un corps ou service autre que celui auquel ils appartiennent, un stage volontaire avec ou sans solde, peuvent y être autorisés dans les formes prescrites à l'article 44 qui précède, pour les changements de lieu de convocation.

§ 3. — *Dispositions spéciales à l'Algérie, à la Tunisie et à la Corse.*

Art. 46. Les officiers, assimilés et employés militaires domiciliés en France et affectés à des corps ou services du 19e corps d'armée, de la Tunisie ou de la Corse, accomplissent leurs périodes d'exercices dans le corps ou le service le plus voisin de leur résidence.

La même mesure est appliquée aux officiers, assimilés ou employés militaires affectés à des corps de France et résidant en Algérie, en Tunisie ou en Corse.

Les noms des officiers, assimilés ou employés militaires à convoquer dans les conditions qui précèdent, sont adressés par leur chef de corps ou de service au gouverneur militaire ou au général commandant la région dans laquelle ils résident. Cet officier général les fait convoquer par le chef du corps ou du service le plus voisin de leur résidence.

§ 4. — *Exercices, travaux spéciaux, conférences et manœuvres.*

Art. 47. Les chefs de corps ou de service de l'armée active dirigent l'instruction des officiers de réserve ou de l'armée territoriale des corps ou services placés sous leurs ordres.

Ils doivent prendre toutes les dispositions qu'ils jugent favorables à leur éducation militaire, de manière qu'au moment des périodes normales d'exercices, ces officiers arrivent, devant leur troupe, instruits, pénétrés de leurs devoirs et à hauteur de leurs obligations.

Ils les engagent à assister aux réunions, conférences, exercices ou manœuvres qui peuvent leur être profitables.

Ils les invitent à se rendre en uniforme aux cérémonies et fêtes militaires et à s'y joindre aux officiers de l'armée active.

Ils peuvent, dans la limite des crédits disponibles, autoriser les officiers qui le demandent à prendre part, avec ou sans solde, aux manœuvres de garnison et aux manœuvres d'automne.

§ 5. — *Écoles d'instruction.*

Art. 48. Les gouverneurs militaires et les généraux commandant les corps d'armée ont toute latitude pour organiser, au profit des officiers de réserve et de l'armée territoriale, des écoles d'instruction, dans les conditions qu'ils jugent convenables.

Ils en approuvent les programmes et en règlent le fonctionnement.

Ils donnent les instructions nécessaires pour que les officiers de réserve et de l'armée territoriale puissent en suivre les cours et les exercices avec fruit.

Une feuille de réduction donnant droit au tarif militaire sur les chemins de fer est adressée à tout officier de réserve ou de l'armée territoriale inscrit à une école d'instruction (voir modèle D).

Les gouverneurs militaires et les généraux commandant les corps d'armée rendent compte chaque année au Ministre des résultats obtenus dans les écoles d'instruction organisées sur leur territoire et des conditions dans lesquelles elles ont pu fonctionner.

TITRE VI.

ADMINISTRATION DES OFFICIERS DE RÉSERVE ET DE L'ARMÉE TERRITORIALE.

Art. 49. Les officiers de réserve et de l'armée territoriale dans leurs foyers sont placés, pour tout ce qui concerne la police générale, la discipline, la conduite et la tenue, sous la haute autorité du général commandant la subdivision de région dans laquelle ils résident.

Art. 50. Les officiers, assimilés et employés militaires de la réserve et de l'armée territoriale sont administrés par le corps ou service de l'armée active auquel ils sont affectés ou dont relève l'unité à laquelle ils appartiennent.

Les chefs de corps de réserve et les chefs de corps de l'armée territoriale n'en conservent pas moins leurs droits et leur responsabilité de chefs de corps. Ils notent les officiers sous leur ordres ; ils donnent leur avis sur les demandes qui les concernent ; ils ont l'initiative de toutes les propositions à établir en leur faveur.

Le chef de corps de l'armée active les transmet à l'autorité supérieure en y ajoutant son avis personnel et ses propositions. Dans le cas où les règlements lui donnent le pouvoir de statuer, il fait connaître sa décision au chef de corps de réserve ou au chef de corps de l'armée territoriale.

Art. 51. Les demandes des officiers de réserve et de l'armée territoriale sont adressées à leur chef de corps pour être instruites dans la forme indiquée à l'article 50 qui précède.

Les demandes concernant les écoles d'instruction sont adressées directement par les officiers de réserve ou de l'armée terrritoriale qui en font partie aux directeurs des écoles d'instruction.

Art. 52. Les officiers, assimilés ou employés militaires de la réserve ou de l'armée territoriale se conforment, pour leur correspondance de service, aux prescriptions du décret sur le service intérieur des corps de troupe.

Ils jouissent de la franchise postale pour la transmission de cette correspondance, qui doit être exclusivement relative au service militaire. La suscription de l'enveloppe qui la contient est libellée conformément au modèle ci-après :

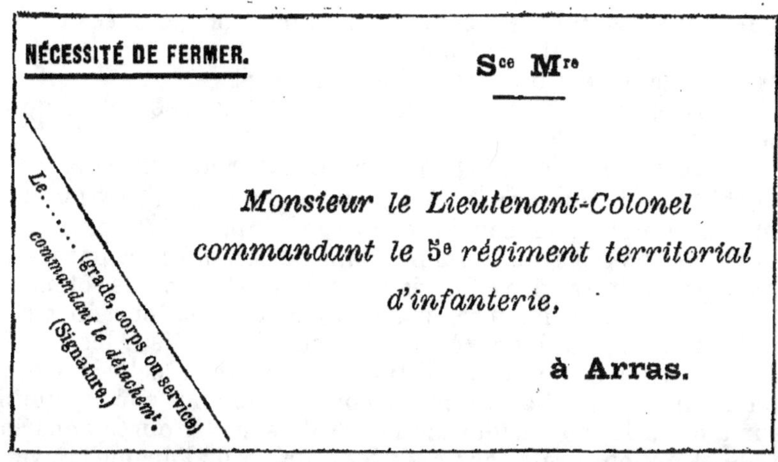

Art. 53. Dans les trois mois qui suivent sa nomination à un nouveau grade, tout officier, assimilé ou employé militaire se présente en uniforme à son chef de corps ou de service, au chef de corps ou de service correspondant de l'armée active et au général commandant la subdivision, si ces autorités militaires se trouvent dans le lieu de sa résidence.

Dans le cas contraire, ces visites sont facultatives.

Art. 54. Les règles de détail relatives à l'administration des officiers de réserve et de l'armée territoriale feront l'objet d'une instruction spéciale.

TITRE VII.

INSPECTION DES OFFICIERS DE RÉSERVE ET DE L'ARMÉE TERRITORIALE.

§ 1er. — *Notes.*

Art. 55. Les officiers ou assimilés de réserve ou de l'armée territoriale sont notés, chaque année, sur des feuilles de notes, conformément au modèle C annexé au présent règlement.

La première partie de ces feuilles de notes a trait à l'appréciation des services rendus par les officiers ou assimilés dans leurs foyers, en dehors des stages ou périodes d'exercices, et en particulier au titre des écoles d'instruction. Ils sont notés :

1° Par le directeur de l'école d'instruction ;

2° Par le chef de corps ou de service correspondant de l'armée active ;

3° Par le général commandant la subdivision de leur résidence.

La deuxième partie des feuilles de notes est destinée à constater le degré d'instruction et l'aptitude dont les officiers et assimilés ont fait preuve, soit pendant les périodes d'exercices ou stages qu'ils ont accomplis au cours de l'année, soit dans les convocations antérieures. Ils sont notés :

1° Par leur chef de corps ou de service ;

2° Par le chef de corps ou de service de l'armée active dont ils relèvent ;

3° Par le général de brigade ou directeur du service.

Art. 56. Chaque année, à la date du 1er mai, les feuilles de notes à remplir, en ce qui concerne la première partie, sont adressées aux généraux commandant les subdivisions par les chefs de corps ou de service chargés de l'administration des officiers de réserve ou de l'armée territoriale. Elles doivent leur faire retour à la date du 15 juillet après avoir reçu, s'il y a lieu, les notes des directeurs des écoles d'instruction et, pour tous, celles du général commandant la subdivision, au point de vue de leur conduite, de leur tenue, de la considération dont ils sont entourés dans la vie civile et de leurs relations avec les officiers de l'armée active.

Après avoir été complétées, en ce qui concerne la deuxième partie et comme il a été indiqué à l'article 55 qui précède, les feuilles de notes des officiers de réserve et de l'armée territoriale sont transmises par le chef de corps ou de service de l'armée active, en même temps que celles des officiers de l'armée active, à l'époque fixée par les instructions sur les inspections générales.

Une des expéditions de la feuille de notes est conservée par le chef de corps ou de service et reste jointe au dossier de l'officier assimilé ou employé militaire, dans les conditions prescrites pour l'armée active.

Art. 57. Les officiers autorisés à accomplir une période d'exercices ou un stage dans un corps ou service autre que celui auquel ils appartiennent, sont notés au titre de ce corps ou service ; la deuxième expédition de la feuille de notes est transmise au corps ou service d'affectation.

§ 2. — *Propositions.*

Art. 58. Les propositions concernant les officiers de réserve ou de l'armée territoriale sont établies dans les mêmes formes que celles des officiers de l'armée active et sont soumises aux commissions de classement.

Art. 59. Les candidats aux grades de capitaine ou de commandant dans la réserve ou l'armée territoriale doivent être pourvus d'un certificat d'aptitude obtenu pendant une période d'exercices ou un stage, à la suite d'épreuves orales et écrites conformes au programme qui est annexé au présent règlement.

Les officiers de réserve et de l'armée territoriale peuvent être autorisés à subir ces épreuves dans l'année qui précède celle où ils auront accompli les années de grade exigées par le décret sur l'avancement.

Art. 60. La commission d'examen se compose :

1º Du général de brigade ou directeur du service, président, qui peut déléguer le chef de corps ou de service de l'armée active ;

2º Du chef de corps ou de service du candidat, ou, en son absence, de l'officier supérieur ou assimilé qui le remplace ;

3º D'un officier ou assimilé de l'armée active, pourvu d'un grade supérieur à celui du candidat et désigné par le général de brigade ou directeur du service.

Un certificat faisant connaître par la mention « très bien » ou « bien » les résultats de l'épreuve, est délivré au candidat et une copie conforme à ce certificat est jointe à sa feuille de notes.

Art. 61. Les officiers autorisés à accomplir une période d'exercices ou un stage volontaire, dans un corps ou service autre que celui auquel ils appartiennent, peuvent y obtenir le certificat d'aptitude ; mais la proposition à établir en leur faveur ne peut être faite que par le chef du corps ou du service d'affectation.

Art. 62. Le règlement du 23 mars 1894 et les dispositions contraires à celle du présent règlement sont abrogés.

L'application du présent règlement aux personnels spéciaux de chaque arme ou service, aux assimilés et aux employés militaires, sera déterminée par des instructions ministérielles.

Le Ministre de la guerre,

Signé : Gal BILLOT.

MINISTÈRE
DE LA GUERRE.

—

DIRECTION de   (1)

—

° BUREAU.

MODÈLE A.

(1) Désigner le corps.
(2) Réserve *ou* armée territoriale.
(3) Grade, nom et prénoms.

MÉMOIRE DE PROPOSITION pour le grade de sous-lieutenant de (2)   en faveur du (3)   résidant à

SIGNALEMENT.	SERVICES SUCCESSIFS CAMPAGNES, BLESSURES ET DÉCORATIONS.		
	Grades et emplois.	Corps.	Dates.
Numéro du registre matricule : Nom : Prénoms : Surnom : Dernier domicile : département d Profession d Fils d et d domiciliés à département d Né le à canton d département d Taille de 1 mètre centimètres. Visage................ Front................ Yeux................ Nez................ Bouche................ Menton................ Cheveux................ Sourcils................ Marques particulières : Marié le à D° domiciliée à département d Nombre d'enfants :	Entré au service comme Libérable du service actif le Campagnes..... Blessures, actions d'éclat, citations, etc. Décorations et médailles.		

RELEVÉ des punitions du (1)

DATES des PUNITIONS.	GRADE.	GENRE DE PUNITIONS ET NOMBRE DE JOURS.				PAR QUI les PUNITIONS ont été infligées.	MOTIFS des PUNITIONS.
		Consigne.	Salle de police.	Prison.	Cellule.		
TOTAUX.......							
TOTAL GÉNÉRAL...							

(1) Grade, nom et prénoms.

Notes particulières sur le (1)

Constitution, santé...............

Tenue extérieure................

Conduite et moralité............

Caractère. ....

Intelligence et aptitude...........

Manière de servir...............

Instruction {
  Langues étrangères.........

  Comptabilité...............

  militaire {
    théorique........

    pratique.........
  }

  Équitation.................
}

Avis du Chef de corps :

A   , le   189

Le Chef de corps,

(1) Grade, nom et prénoms.

Avis
du
général de brigade.

Avis
du
général de division
(s'il y a lieu).

Décision
du général
commandant
le corps d'armée.

A   , le   189   .

Le Général de brigade,   *Le Général de division,*

Le Général commandant le   e corps d'armée,

MODÈLE B.

(1) Désigner le corps.
(2) Réserve *ou* armée territoriale.
(3) Grade, nom et prénoms.

*MÉMOIRE DE PROPOSITION pour le grade d'adjudant de (2) en faveur du (3)   résidant
à*

SIGNALEMENT.	SERVICES SUCCESSIFS CAMPAGNES, BLESSURES ET DÉCORATIONS.		
	Grades et emplois.	Corps.	Dates.
Numéro du registre matricule :	Entré au service comme		
Nom :			
Prénoms :			
Surnom :			
Dernier domicile :			
département d			
Profession d			
Fils d			
et d			
domiciliés à			
département d			
Né le			
à			
canton d			
département d	Libérable du service actif le		
Taille de 1 mètre centimètres.			
Visage..............			
Front..............			
Yeux..............			
Nez..............	Campagnes.....}		
Bouche..............			
Menton..............			
Cheveux..............			
Sourcils..............	Blessures, actions d'éclat, citations, etc.}		
Marques particulières :			
Marié le			
à D°			
domiciliée à			
département d	Décorations et} médailles.		
Nombre d'enfants :			

RELEVÉ des punitions du (1)

DATES des PUNITIONS.	GRADE.	GENRE DE PUNITIONS ET NOMBRE DE JOURS.				PAR QUI les PUNITIONS ont été infligées.	MOTIFS des PUNITIONS.
		Consigne.	Salle de police.	Prison.	Cellule.		
TOTAUX.......							
TOTAL GÉNÉRAL...							

(1) Grade, nom et prénoms.

Notes particulières sur le (1)

____

Constitution, santé..............

Tenue extérieure...............

Conduite et moralité............

Caractère......................

Intelligence et aptitude..........

Manière de servir..............

Instruction {
  Langues étrangères.........
  Comptabilité...............
  militaire { théorique....... .
         { pratique.........
  Équitation...................
}

Avis du Chef de corps :

Λ   , le   189

Le Chef de corps,

(1) Grade, nom et prénoms.

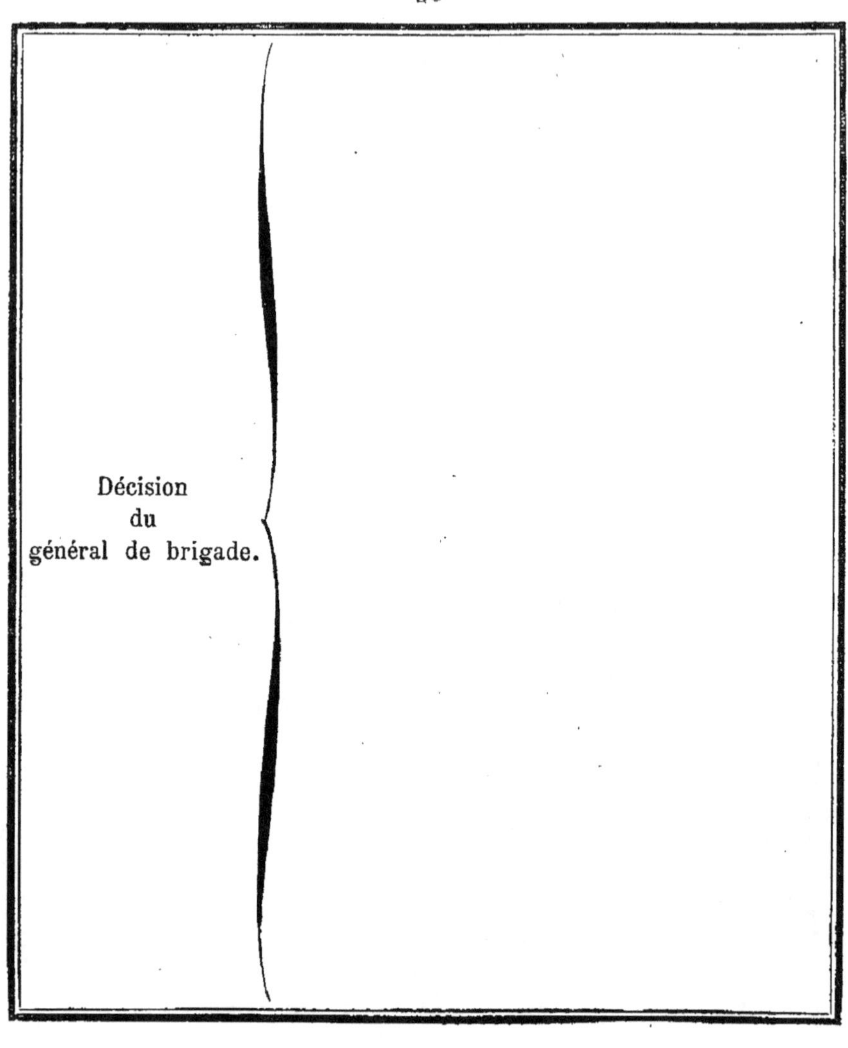

A   , le   189   .

Le Général de brigade,

INSPECTION GÉNÉRALE
de 189 .

° CORPS D'ARMÉE.

Arme
ou service. {

Corps ou
établissement. {

(1) Nom, prénoms, grade.
(2) Profession et rési-
dence pour les officiers de
réserve et de l'armée territoriale. Indiquer, le cas
échéant, si l'intéressé re-
présente une maison étran-
gère fabriquant le matériel
de guerre ou appartient à
une maison française fabriquant ce même matériel pour
l'étranger.
(3) Directeur de l'école
d'instruction.

FEUILLE de notes concernant M (1)
(2)

PREMIÈRE PARTIE.

Notes du (3)   *dont fait partie l'officier.*

Séances, conférences ou exercices pratiques auxquels
l'officier a assisté en 18 .   }

Nommé au dernier grade le

Propositions dont l'officier
peut être l'objet.   }

Appréciation générale de l'officier au point de vue de ses
connaissances spéciales et
de son aptitude au commandement.   }

A   , le   189 .

Le (3)

Avis du chef de corps ou de service correspondant de l'armée active.

Le

Notes du général commandant la subdivision de région sur la conduite et la tenue de l'officier, la considération dont il est entouré dans la vie civile et ses relations avec les officiers de l'armée active.

Le Général

DEUXIÈME PARTIE.

Date et lieu { de naissance. {
Age au 31 décembre 18
Célibataire, marié (A), veuf, divorcé, séparé.
Nombre d'enfants, s'il y a lieu :
Entré au service comme   , le
Venant (s'il y a lieu) de l'école (B)

GRADES SUCCESSIVEMENT OBTENUS :

Pourvu du brevet d'état-major le
Durée totale des services au 31 décembre
    ans   mois   jours.

CAMPAGNES (Nombre total   .)

du	au
du	au
du	au
du	au

BLESSURES (C)

de guerre :   en service comman-
                         dé :

Action d'éclat (D) :   Lettres et témoigna-
                          ges de satisfaction
                          du Ministre.
Citations à l'ordre de
l'armée (D) :

DÉCORATIONS

françaises (dates) :   étrangères (dates) :

MISSIONS SPÉCIALES REMPLIES EN VERTU
    D'UN ORDRE MINISTÉRIEL.

École   nº de sortie
  sur
École d'application   nº de sortie
  sur
École supérieure de guerre   nº de sortie
  sur

Taille : 1 mètre   millimètres.
Constitution :
Santé :
Vue :
Caractère :
Éducation :
Intelligence :
Jugement :
Moralité :
Conduite :
Tenue :

Instruction générale (1). {

Langues étrangères (2). {

Dessin et topographie :

Instruction professionnelle { théorique :
                             { pratique :
                             { administrative :

Aptitude {
  à faire campagne......
  aux manœuvres { faites en pays { de montagne. {
  au cheval ....
  à l'emploi qu'il occupe..

PÉRIODES D'EXERCICES OU STAGES DÉJA
    ACCOMPLIS PAR L'OFFICIER.

(A) Pour les officiers de gendarmerie, indiquer le lieu de domicile de l'épouse avant le
mariage.
(B) Indiquer l'école (polytechnique, spéciale
militaire, ou autre suivant le cas).
(C) Indiquer la nature de la blessure et
l'époque où elle a été reçue.
(D) Indiquer la nature de l'action d'éclat et le
motif de la citation.

(1) Mentionner les diplômes universitaires.
(2) Degré de connaissances.

Notes du chef de corps ou de service.

Notes du chef de corps ou de service de l'armée active, si l'officier appartient à un corps ou service de réserve ou de l'armée territoriale.

Notes du général de brigade ou directeur du service.

Proposition dont l'officier est l'objet.

(Cette indication est inscrite par le général de brigade ou le directeur du service pour les propositions qu'il a maintenues et transmises au commandant du corps d'armée seulement.)

Le Chef de corps,

<table>
<tr><td>*Le Chef de corps
ou de service de l'armée active,*</td><td>*Le Général de brigade
ou Directeur du service,*</td></tr>
</table>

CORPS D'ARMÉE.		MODÈLE D.

° CORPS D'ARMÉE.

ANNÉE

° régiment.
° bataillon.
° escadron.
° batterie.

RÈGLEMENT

DU 16 JUIN 1897 (Art. 48).

ÉCOLE (1)

D'INSTRUCTION DE (2)

FEUILLE concernant M (3)   au
qui prend part aux séances de l'école d'instruction de
(2)   et est autorisé à voyager
en chemin de fer de (4)   à (5)
et retour, aux dates indiquées ci-dessous.

(1) Subdivisionnaire ou régionale.
(2) Indiquer la localité.
(3) Nom, prénoms, grade ou emploi.
(4) Domicile ou résidence de l'officier.
(5) Lieu de convocation.
(6) Visa des représentants auprès du commandant de corps d'armée des compagnies sur lesquelles le parcours est autorisé.
(7) Indication du ou des réseaux empruntés par l'itinéraire de l'officier.
(8) Point de départ ou d'entrée et de sortie sur chaque réseau.

DATES des SÉANCES d'instruction (a).	TIMBRES A DATES DES GARES DE DÉPART POUR CHAQUE TRAJET.		VISA DU CHEF DE CORPS (b) de l'armée active ou de l'officier supérieur délégué et cachet du corps actif auquel est rattachée l'école.	OBSERVATIONS.
	À l'aller.	Au retour.		
				Les détenteurs qui feront usage de cette feuille de transport en dehors des dates et des itinéraires indiqués ci-contre seront passibles d'une peine disciplinaire.
				Ils seront en outre astreints à payer intégralement le prix des places occupées par eux, tant pour les parcours irréguliers effectués, que pour les voyages faits antérieurement à prix réduit.
				(a) Le voyage d'aller doit avoir lieu la veille où le jour de la réunion, et celui du retour le jour ou le lendemain.
				(b) La feuille de réduction ne donne aucun droit à l'obtention du tarif militaire pour le retour dans le cas où elle ne serait pas revêtue du visa du chef de corps de l'unité de l'armée active à laquelle est rattachée l'école d'instruction, ou de l'officier supérieur spécialement délégué.
				(c) La signature du titulaire peut être requise lors des contrôles au départ, en route et à l'arrivée.

Vu pour être utilisé, aux dates indiquées ci-dessus, sur le réseau

d (7)   de (8)   à (8)   Délivré à l'intéressé

d (7)   de (8)   à (8)   à la date du   189   .

d (7)   de (8)   à (8)   *Le Chef de corps,*

L (6)   *Signature du titulaire (c).*

ANNEXE.

Programme des connaissances exigées des candidats aux différents grades dans la réserve et l'armée territoriale

I. — Examen théorique.

a) Règlements.

Devoirs et fonctions des officiers (1) dans les manœuvres, le service intérieur, le service des places, le service en campagne, le transport des troupes par voies ferrées, le remplacement des munitions sur le champ de bataille.

b) Instruction technique de l'arme.

Approvisionnements en munitions, emploi des feux et réglage du tir.

Travaux de campagne.

Notions sommaires de fortification permanente, pour les troupes de forteresse seulement.

Hygiène des hommes et des chevaux.

Soins à donner à l'habillement, l'équipement, la chaussure, le harnachement et l'armement.

c) Administration.

Administration d'une compagnie, d'un escadron ou d'une batterie en temps de paix et en campagne.

d) Législation.

Dispositions principales de la loi du recrutement, de la loi des cadres et de la loi sur les réquisitions militaires.

Position et avancement des officiers de réserve et de l'armée territoriale.

Devoirs des hommes de la réserve et de l'armée territoriale dans leurs foyers et au moment de la mobilisation.

II. — Examen pratique.

Application, sur le terrain, des connaissances théoriques en ce qui concerne les manœuvres, le tir et le service en campagne.

Lecture et emploi de la carte sur le terrain. Croquis sommaire à fournir à l'appui d'une reconnaissance.

Equitation. — Les candidats aux grades de sous-lieutenant et de lieutenant dans l'infanterie ou le génie sont dispensés de cette partie de l'examen.

---

(1) Du grade pour l'obtention duquel concourt le candidat.

Note ministérielle concernant l'application, aux officiers de réserve et aux officiers de l'armée territoriale, des dispositions de l'article 28, paragraphe final, du règlement du 16 juin 1897.

Paris, le 19 août 1897.

Le Ministre a décidé que, par application de l'article 28, paragraphe final, du règlement du 16 juin 1897, les officiers (réserve et armée territoriale) placés actuellement à la suite des régiments pour divers services seront immédiatement rayés des contrôles de ces corps, et que toutes les pièces les concernant seront adressées aux chefs de service dont ils relèvent.

La mention « placé à la suite du   ᵉ régiment pour être affecté... » sera rayée sur les lettres de service des officiers et remplacée par la suivante : « il est affecté au service... ».

Le cas échéant, la mention « à la suite du   ᵉ régiment... » sera supprimée sur l'ordre de mobilisation et remplacée par la suivante : « (grade) de réserve ou territorial », suivant le cas.

Pour opérer ces rectifications, on profitera soit de la convocation des officiers à une période d'exercices, ou à un stage obligatoire ou volontaire, soit de toute autre occasion obligeant l'officier à se présenter à son chef de service.

Il n'est apporté aucune modification à la situation actuelle des officiers affectés au service de garde des voies de communication. Ces officiers continueront à compter au dépôt de leur régiment.

Les prescriptions de la présente note ministérielle ne sont pas applicables aux officiers de l'artillerie et du train des équipages militaires (réserve et armée territoriale).

Circulaire ministérielle relative aux propositions et nominations au grade d'adjudant de réserve ou de l'armée territoriale.

Paris, le 11 février 1898.

Mon cher Général, j'ai été consulté, par plusieurs commandants de corps d'armée, sur l'application du règlement du 16 juin 1897, en ce qui concerne l'inscription au tableau d'avancement des candidats au grade d'adjudant de réserve ou de l'armée territoriale et la nomination de ces candidats.

J'ai l'honneur de vous faire connaître les dispositions transitoires qu'il y a lieu d'adopter à cet égard, jusqu'à ce que le règlement puisse recevoir une application complète :

1º Aucun sous-officier ne doit plus, à l'avenir, être présenté pour le grade d'adjudant de réserve ou de l'armée territoriale, sans avoir subi l'examen et obtenu le certificat d'aptitude prévus aux articles 4 et 5 du règlement du 16 juin 1897. Mais ce règlement ne doit pas avoir d'effet rétroactif.

Les sous-officiers qui, avant la publication de ce règlement, ont été inscrits au tableau d'avancement pour le grade d'adjudant de réserve ou de l'armée territoriale y seront maintenus et pourront être nommés à ce grade, sans avoir à subir d'examen;

2º Les chefs de corps ou de service, avec l'autorisation des généraux commandant les brigades ou des directeurs de service, pourront, à titre transitoire, inscrire encore cette année, sur le tableau d'avancement au grade d'adjudant de réserve ou de l'armée territoriale, à leur rang d'ancienneté et sans examen, les sous-officiers de réserve ou de l'armée territoriale qui présentent toutes les conditions requises, sans attendre la période d'instruction que ces sous-officiers ont à accomplir, ou même s'ils n'en ont plus à accomplir. Cette faculté cessera à partir du 1er octobre 1898;

3º Les sous-officiers de l'armée active à désigner, en vertu du paragraphe a) de l'article 13 du règlement du 16 juin 1897, pour occuper, en cas de mobilisation, les emplois vacants d'officiers chefs de section, n'ont aucun examen à subir pour être portés sur la liste établie à cet effet. Le choix en est laissé à l'appréciation des chefs de corps;

4º L'article 12 du règlement précité prescrit de ne faire les nominations au grade d'adjudant de réserve ou de l'armée territoriale qu'à la suite des périodes d'exercices. Cette disposition a pour but de permettre de s'assurer que les candidats à nommer ont conservé toutes les qualités requises pour cet emploi. Elle ne doit pas cependant être considérée comme absolue. Dans les corps de troupe ou services où le grand nombre de vacances exigerait, à des époques déterminées, des nominations immédiates, en dehors des périodes d'exercices, les chefs de corps ou de service pourront y pourvoir, avec l'autorisation des généraux de brigade ou des directeurs de service, mais en suivant l'ordre du tableau.

Signé : Gal BILLOT.

Note ministérielle relative au rappel à l'activité, avec leur grade, des dispensés de l'article 23 ayant perdu leurs droits à la dispense ou y ayant renoncé.

Paris, le 24 avril 1898.

Le Ministre a décidé qu'en exécution du règlement ministériel du 16 juin 1897 sur le recrutement, la répartition, l'instruction, l'administration et l'inspection des officiers de réserve et des officiers de l'armée territoriale, les dispositions de la note ministérielle du 22 décembre 1896, prescrivant de ne proposer pour le grade de sous-lieutenant de réserve que les dispensés de l'article 23 ayant entièrement satisfait à leurs obligations de dispensés, seraient abrogées.

Sont seules maintenues les dispositions qui ont fait l'objet du premier paragraphe de ladite note. En conséquence, les dispensés en vertu de l'article 23 de la loi du 15 juillet 1889, ayant perdu les droits à cette dispense ou y ayant renoncé, seront désormais rappelés à l'activité, à l'effet d'accomplir deux années de service complémentaires, avec le grade dont ils sont en possession au moment dudit rappel (officier, sous-officier, caporal ou brigadier), lors même que ce grade leur aurait été conféré, soit dans la disponibilité, soit dans la réserve.

Par suite de l'adoption de la mesure nouvelle, les propositions pour sous-lieutenant de réserve qui ont été renvoyées à MM. les généraux commandant les corps d'armée, pour être conservées jusqu'à ce que les dispensés de l'article 23 aient satisfait aux conditions de leur dispense, pourront être reproduites dès à présent.

INFANTERIE.

Règlement du 29 juillet 1884 modifié par décision ministérielle du 15 avril 1894 sur l'**exercice et les manœuvres de l'infanterie.** Nouvelle édition. 1898.

Titre Ier : *Bases de l'instruction.* (1 v. in-18 avec 2 pl.) Cartonné. » 75 — Rel. toile. 1 »

Titre II : *École du soldat.....*

Titre III : *École de compagnie.* (1 v. in-18) Cartonné. » 60 — Rel. toile. » 80

Titre IV : *École de bataillon...* (1 v. in-18) Cartonné. » 60 — Rel. toile. » 80

Titre V : *École de régiment...* (In-18...) Cartonné. » 75 — Rel. toile. 1 »

Batteries et sonneries. Broch. in-18... » 60 c.

Décret du 20 octobre 1892 portant règlement sur le **service intérieur des troupes d'infanterie.** Édition mise à jour. Paris, 1897, 1 vol. in-18, cartonné. 1 fr. 50

Relié toile. 1 fr. 75

Instruction pratique provisoire du 24 décembre 1896 sur le **service de l'infanterie en campagne.** Paris, 1898, 1 vol. in-18 cartonné. 50 c.

Relié, toile souple. 75 c.

Règlement sur l'instruction du tir, approuvé le 22 mai 1895. Paris, 1897, 1 vol. in-18 cartonné. 60 c.

Relié toile. 80 c.

Instruction sur l'armement, les munitions, les champs de tir et le matériel de l'infanterie, Édition complétée et mise à jour conformément à la nomenclature du fusil et de la cartouche mod. 1886-M-1893, de l'Instruction sur le revolver mod. 1892 et du nouveau réflecteur à miroir. Paris, 1896, 1 vol. in-18 avec fig., cart. 60 c.

Relié toile. 80 c.

Instruction sommaire sur le revolver modèle 1892, approuvée par le Ministre de la guerre le 8 février 1893. Nouvelle édition. Paris, 1897, broch. in-18. 20 c.

Instruction spéciale pour le transport des troupes d'infanterie et du génie par les voies ferrées, avec annexe spéciale relative au transport de ces troupes par voies maritimes. Extraits : 1° du règlement général sur les transports ordinaires et stratégiques; 2° de l'instruction sur les transports maritimes par les navires de commerce. Nouvelle édition refondue et mise à jour jusqu'au 1er octobre 1897. Paris, 1898, 1 vol. in-18 contenant 36 planches, cartonné. 1 fr. 25

Relié toile. 1 fr. 50

Les petites patrouilles, méthode d'instruction, par le capitaine **B.** 3e *édition,* revue et corrigée. Paris, 1896, broch. in-12 avec figures. 40 c.

Instruction sur les travaux de campagne, à l'usage des troupes d'infanterie, approuvée par le Ministre de la guerre le 15 novembre 1892. Paris, 1898, 1 vol. in-18 cartonn. avec de nombreuses figures dans le texte. 1 fr

Administration intérieure d'une compagnie. En station. — En route. — En campagne. Paris, 1898, 1 vol. in-12, cart. 2 fr. 5

Instruction et commandement d'une compagnie d'infanterie; par le capitaine **Cordier,** du 152e régiment d'infanterie. Paris, 1892, broch. in-18 avec figure. 50 c.

CAVALERIE.

Décret du 31 mai 1882 portant règlement sur les **Exercices de la cavalerie,** revisant et complétant le décret du 17 juillet 1876. Nouvelle édition officielle refondue. Paris, 1898.

Tome Ier. — Rapport. Titres I et II : *Bases de l'instruction.* — *École du cavalier à pied.* 1 vol. in-18 cartonné. 1 fr. 50

Relié toile. 2 fr.

Tome II. — Titres III et IV : *École du cavalier à cheval.* 1 vol. in-18 cart. 1 fr. 50

Relié toile. 2 fr.

— *Le même,* édition à grandes marges. 2 vol. in-8. 6 fr.

Décret du 20 octobre 1892 portant règlement sur le **service intérieur des troupes de cavalerie.** Paris, 1897, 1 vol. in-18 cart. 1 fr. 50

Relié toile. 1 fr. 75

Instruction pratique provisoire du 24 décembre 1896 sur le **service de la cavalerie en campagne.** Paris, 1897, 1 vol. in-18 avec figures, cartonné. 75 c.

Relié toile. 1 fr.

Règlement du 15 septembre 1894 **sur l'instruction du tir des troupes de cavalerie.** Paris, 1896, 1 vol. in-18 avec fig., cart. 1 fr.

Instruction pour le maniement et l'emploi de le **carabine modèle 1890,** approuvée par la Ministre de la guerre le 15 juin 1893, suivie de la nomenclature, le remontage, l'entretien et la cartouche des carabines modèle 1890 (cavalerie et cuirassiers). Paris, 1895, in-18 cartonné. 50 c.

Instruction sommaire sur le revolver modèle 1892, approuvée par le Ministre de la guerre le 8 février 1893. Nouvelle édition. Paris, 1897, broch. in-18. 20 c.

Instruction pour le maniement et l'emploi de la lance, approuvée par le Ministre de la guerre, le 6 avril 1889. Paris, 1891, broch. in-18. 15 c.

Instruction spéciale pour le transport des **troupes de cavalerie** par les voies ferrées. Extrait du Règlement général pour les transports militaires par voies ferrées. Décrets des 18 et 19 novembre 1889, modifiés par décision ministérielle du 4 septembre 1894. Décret du 20 octobre 1894 et la Note ministérielle du 16 janvier 1895. Paris, 1896, 1 vol. in-18 avec planches et tableaux, cartonné. 1 fr.

Relié toile. 1 fr. 25

Commandement intérieur d'un escadron de cavalerie; par un ancien Capitaine-Commandant (Com¹ de Séréville). Paris, 1894, 1 vol. in-8. 2 fr. 50

Abrégé d'hippologie à l'usage des sous-officiers de l'armée, adopté pour l'enseignement de l'hippologie dans l'armée, par décision ministérielle du 11 juin 1863; par A. **Vallon**, vétérinaire principal, professeur d'hippologie, etc., etc. 9ᵉ édition. Paris, 1889, 1 vol. in-12 avec pl. 3 fr. 50

ARTILLERIE.

Bases générales de l'instruction des corps de troupe de l'artillerie, approuvées par le Ministre de la guerre le 19 juin 1889. 2ᵉ tirage. Paris, 1897, 1 vol. in-18 cartonné. 75 c.

Règlement sur l'instruction à pied dans les corps de troupe de l'artillerie, approuvé par le Ministre de la guerre, le 25 novembre 1885. 3ᵉ tirage. Paris, 1898, 1 vol. in-18 cartonné. 75 c.

Règlement sur l'instruction à cheval dans les corps de troupe de l'**artillerie**, approuvé par le Ministre de la guerre le 22 avril 1890. 3ᵉ *tirage*. Paris, 1897, 1 vol. in-12 cartonné. 75 c.

Décret du 20 octobre 1892 portant règlement sur **le service intérieur des troupes de l'artillerie et du train des équipages militaires**. Paris, 1896, 1 vol. in-18 cartonné, avec tableaux. 1 fr. 50

Relié toile. 1 fr. 75

Instruction pratique provisoire du 24 décembre 1896 sur le service de l'artillerie en campagne. Paris, 1897, 1 vol. in-12 avec fig. et 1 planche en couleurs, cartonné. 75 c.

Relié toile. 1 fr.

Instruction provisoire du 24 décembre 1896 sur les exercices d'application du service de l'artillerie en campagne. Paris, 1897, broch. in-12 avec figures. 30 c.

Instruction sur la formation des pointeurs dans les corps de troupe de l'artillerie, approuvée par le Ministre de la guerre, le 8 nov. 1888. Paris, 1896, 1 vol. in-18 cart. 75 c.

Cours spécial à l'usage des sous-officiers d'artillerie. *Complément d'instruction.* Approuvé par le Ministre de la guerre le 5 avril 1897. Paris, 1898, 1 vol. in-12 avec figures. 1 fr. 25

Instruction spéciale pour le transport des troupes d'artillerie de campagne et de montagne et du train des équipages par chemin de fer, approuvée par le Ministre de la guerre le 8 septembre 1890. 2ᵉ tirage. Paris, 1896, 1 vol. in-12 cartonné. 1 fr.

Règlement sur le service des canons de 80 et de 90 millimètres, approuvé par le Ministre de la guerre le 4 juin 1893. Edition contenant les modifications apportées par les feuilles rectificatives n° 2 (2 mai 1895), n° 3 (4 janvier 1896), n° 4 (14 juin 1897). Paris, 1898, 1 vol. in-12 cartonné. 1 fr. 50

Règlement sur le service du canon de 120 court, approuvé par le Ministre de la guerre le 28 mai 1895. Paris, 1896, 1 vol. in-12 avec figures, cartonné avec feuille rectificative n° 1. 1 fr. 50

Règlement sur le service des canons de 95, modèle 1888, montés sur affût de campagne, approuvé par le Ministre de la guerre le 26 mars 1896. Paris, 1897, 1 vol. in-12 avec fig., cartonné. 1 fr. 50

Règlement sur les manœuvres des **batteries attelées**, approuvé par le Ministre de la guerre le 25 mai 1895. Paris, 1897.

Titres I et II. 1 vol. in-12 cart. 1 fr. 50
— — — rel. toile. 2 fr.
Titres III, IV et V. 1 vol. in-12 cart. 1 fr. 50
— — — rel. toile. 2 fr.

Ministère de la guerre. — **Règlement sur le service des batteries de montagne**, approuvé le 22 janvier 1894. — Tome Iᵉʳ. Paris, 1896, 1 vol. in-12 avec de nombreuses figures, cartonné avec feuille rectificative n° 1. 1 fr. 50

Règlement sur le service des bouches à feu de siège et de place, approuvé par le Ministre de la guerre. 2ᵉ *tirage*.

Iʳᵉ partie : Titres I, II, III, IV. Service des bouches à feu, approuvé le 6 avril 1889. In-12 cart. 1 fr. 50
— Titre V. Manœuvres de force, approuvé le 23 mars 1890. In-12 cartonné. 2 fr.
IIᵉ partie : Matériel, appr. le 6 avril 1889. In-12 cartonné. 1 fr. 50
IIIᵉ partie : Renseignements, approuvé le 4 juin 1892. In-12 cartonné. 1 fr. 50

Règlement sur le service des bouches à feu de côte. — Iʳᵉ partie : Service des bouches à feu. — Titres I, II, III, IV. Approuvé par le Ministre de la guerre le 28 juillet 1894 avec les feuilles rectificatives nᵒˢ 1 et 2. Paris, 1895, 1 vol. in-12 avec figures cartonné. 1 fr. 50

Règlement sur le service des bouches à feu de côte. — 1re partie. Titre V : Manœuvres de force et mouvements de matériel. Approuvé par le Ministre de la guerre le 5 avril 1897. Paris, 1898, 1 vol. in-12 avec figures, cartonné.   2 fr. 50

Règlement sur le service des bouches à feu de côte. *Projet de deuxième partie.* Description du matériel. Paris, 1898, 1 vol. in-12 avec figures, cartonné.   2 fr.

Instruction du 24 octobre 1890 sur la **comptabilité du matériel** mis à la disposition des corps de l'artillerie et du train des équipages militaires par les établissements et les parcs d'artillerie. (Edition approuvée le 9 mars 1896.) Paris, 1896, broch. in-8.   50 c.

TRAIN DES ÉQUIPAGES.

Bases générales de l'instruction dans les corps de troupe du train des équipages militaires, approuvé par le Ministre de la guerre le 12 février 1891. Paris, 1891, petit in-8 cartonné.   90 c.

Règlement sur le service du train des équipages militaires. Ire partie : *Conduite des voitures,* approuvée par le Ministre de la guerre le 25 mars 1891. Paris, 1891, in-8 cartonné.   1 fr. 50

   Feuille rectificative du 22 juillet 1893.   40 c.

   IIe partie : *Conduite des mulets de bât,* approuvée par le Ministre de la guerre le 25 mars 1891. Paris, 1892, in-8 cartonné.   60 c.

Instruction pratique provisoire du 28 janvier 1897 sur le service du train des équipages militaires en campagne. Paris, 1897, in-12, cartonné.   1 fr.

Cours spécial à l'usage des sous-officiers du train des équipages militaires, approuvé par le Ministre de la guerre le 25 juin 1896. Paris, 1897, 1 vol. in-12 avec 60 figures dans le texte, cartonné.   1 fr. 50

A L'USAGE DES TROIS ARMES.

Décret du 4 octobre 1891 portant règlement sur le **service dans les places de guerre et les villes ouvertes.** Edition mise à jour. Paris, 1897, 1 vol. in-18 cartonné.   1 fr.
— *Le même,* relié toile.   1 fr. 25
— Edition in-8 à grandes marges.   1 fr. 50

Décret du 28 mai 1895 portant règlement sur le **service des armées en campagne.** Paris, 1897, 1 vol. in-18 cartonné.   1 fr.
   Relié toile.   1 fr. 25
— Edition in-8 à grandes marges.   1 fr.
   Relié toile.   1 fr. 50

Administration des compagnies, escadrons et batteries. Extrait du *Manuel de législation, d'administration et de comptabilité militaires ;* par le lieutenant-colonel **Beaugé.** Paris, 1897, 1 vol. in-12.   1 fr. 50

Ministère de la guerre. — **Organisation de l'armée.** 1re PARTIE : Organisation générale de l'armée. Dispositions générales (loi du 24 juillet 1873). Division militaire du territoire. — Places fortes. — Défense des côtes. Edition mise à jour des textes en vigueur jusqu'au 1er mars 1898. Paris, 1898, broch. in-8.   1 fr.

Loi du 15 juillet 1889 sur le **recrutement de l'armée,** annotée et mise à jour (novembre 1897). Paris, 1897, broch. in-8.   50 c.

Réquisitions militaires. — Edition refondue, conforme aux textes officiels, et comprenant la loi du 3 juillet 1877, la législation, les décrets, instructions, etc., qui l'ont modifiée jusqu'au 5 août 1896. Paris, 1896, in-8 de 93 pages avec modèles.   75 c.

Comptabilité en campagne (*Corps de troupe*). — Détachements de commis et ouvriers d'administration et d'infirmiers militaires. (Décret du 10 juin 1889.) Edition refondue. Paris, 1897, broch. in-8.   50 c.

Habillement en temps de guerre. — Instruction ministérielle du 6 décembre 1889 sur le service de l'habillement dans les corps de troupe en temps de guerre. Edition annotée et complétée. Paris, 1897, broch. in-8.   50 c.

Aide-mémoire de l'officier d'état-major en campagne. 4e édition mise à jour par le 2e bureau de l'état-major général de l'armée. — *Seule édition officielle.* Paris, 1897, 1 vol. in-12 avec fig. et tableaux dans le texte, cartonné toile anglaise.   4 fr.

Nouvel aide-mémoire de l'officier d'infanterie en campagne ; par F. **Gardin,** capitaine au 54e régiment d'infanterie. 3e édition revue et complétée. Paris, 1897, 1 vol. in-12 avec tableaux et figures, relié toile.   2 fr. 50

Cours pratique de topographie, de lecture des cartes et de connaissance du terrain à l'usage des sous-officiers, caporaux et élèves des pelotons d'instruction ; par J. **Dennery,** lieutenant-colonel d'infanterie breveté. 3e *édition, mise à jour.* Paris, 1897, in-4, cartonné, avec fig. et croquis.   2 fr.

Paris. — Imprimerie L. Baudoin, 2, rue Christine.